Thomas Wöhl
Mut-Gedanken für jeden Tag, 1-2024

Mut-Gedanken für jeden Tag 1-2024

Telefonandachten aus dem Jahr 2021

Thomas Wöhl

Bibliografische Information der Deutschen Nationalbibliothek:
Die Deutsche Nationalbibliothek verzeichnet diese Publikation in der Deutschen Nationalbibliografie; detaillierte bibliografische Daten sind im Internet über http://dnb.dnb.de abrufbar.

Verlag: BoD · Books on Demand GmbH, In de Tarpen 42, 22848 Norderstedt

Druck: Libri Plureos GmbH, Friedensallee 273, 22763 Hamburg
ISBN: 978-3-7597-6660-1

Inhaltsverzeichnis

II

VORWORT

„Ein gutes Wort am Telefon" war eine Aktion des Kirchenkreises Kirchhain (Evangelische Landeskirche Kurhessen-Waldeck). Der Handzettel, mit dem für die Aktion geworben wurde, ist rechts zu sehen. Die Telefonnummer ist überdeckt, weil die Aktion beendet ist.

Durch Corona und die Regeln, die Begegnungen einschränkten, gab es nur wenige „normale" Gottesdienste. Die Telefonandachten waren in erster Linie für diejenigen gedacht, die aus Vorsicht oder aus Grund von Alter und Gebrechlichkeit an keinen analogen Gottesdiensten teilnehmen und die auch nicht die technischen Möglichkeiten hatten, die zahlreichen Online-Angebote über das Internet wahrzunehmen.

Tatsächliche wurde das Angebot, das über eine Telefonnummer abgerufen werden konnte, von allen Altersgruppen gut angenommen wurde. 100 bis 150 Anrufer gab es jeden Tag. Es riefen auch Menschen an, die sonst keinen Gottesdienst besuchen. Ihnen gefiel auch die Möglichkeit, zu jeder Zeit eine Andacht abrufen zu können.

Ich heiße Thomas Wöhl und bin Prädikant, das heißt, ich darf ehrenamtlich alle Aufgaben übernehmen, die sonst ein Pfarrer oder eine Pfarrerin wahrnimmt. An der Aktion „Ein gutes Wort für jeden Tag" hatte ich mich beteiligt.

Zuerst hatte ich mit dieser Form der Andacht gefremdelt, die Beschränkung auf 5 Minuten ist, für eine Telefonandacht, sinnvoll, aber ich habe es nie geschafft, dieses Zeitlimit zu erfüllen. Außerdem fehlten mir die direkte Reaktion der Zuhörer. Die kam dann zeitversetzt, nach einer Weile äußerten sich Hörer der Andachten über Telefon, Mail oder bei zufälligen Begegnungen. Das hat mich ermutigt, weiterzumachen.

Mittlerweile ist die Aktion eingestellt, aber meine Beiträge habe ich hier gesammelt, so es die Möglichkeit gibt, hier nachzulesen. – Die einzelnen Andachten sind in sich abgeschlossen, so dass nach Belieben „gestöbert" werden kann.

Einige Anregungen habe ich aus den Predigtmeditationen im christlich-jüdischen Kontext, andere sind durch Gespräche oder Lektüre zu mir gekommen und fließen mit ein, ganz im Sinne von Fulbert Steffensky „Geschichten gehören nicht denen, die sie schreiben, noch denen sie erzählen, ... Geschichten gehören denen, die sie brauchen können." Wenn ich ein Gebet von anderen direkt übernommen oder mich habe bewusst inspirieren lassen, ist es entsprechend in einem Verweis angegeben.

Das Thema der Andacht, eine entsprechende Bibelstelle und das Datum, wann die Andacht zu hören war, ist jeweils angegeben. Zu den Andachten gehören Gedanken und ein Gebet oder Gedicht.

Viel Freude beim Entdecken.

Thomas Wöhl

1. RUTH – STOFF FÜR HOFFNUNGEN UND TRÄUME

24. Januar 2021 – Ruth 1,16

Es ist eine Einladung zu einer Gedankenreise. Wir begleiten zwei Frauen: Noomi und Ruth.

Die Verse, die uns zu dieser Gedankenreise anregen, stehen im Buch Ruth. Hier wird, wie auch sonst, in der Bibel keine Idylle erzählt. In den insgesamt 85 Versen geht es um das Leben in den Spannungsfeldern zwischen Arm und Reich, Frau und Mann, Jung und Alt, Leben und Tod ... auch zwischen der eigenen und der fremden Religion ... um ein Leben vor vielleicht dreitausend Jahren.

Auch wenn das Buch alt ist, auch wenn Sprache und auch viele Bräuche nicht mehr unsere sind: Die Probleme der Zeit Ruths kennen wir gut, sehr gut.

Eine Familie muss wegen einer Hungersnot das Land verlassen und in der Fremde das Nötige zum Überleben suchen. Das hat nichts mit Urlaubmachen zu tun, so als wenn wir nach Schweden, Italien oder Spanien verreisen.

Die Familie muss sich in einem fremden Land NIEDERLASSEN ... Das bedeutet eine andere Sprache, eine andere Religion, andere Bräuche ... und ob die dortigen Bewohner die Zuwanderer gern aufnehmen? - Ob diese Familie dort überhaupt ein Auskommen findet, ist zunächst völlig offen ... trotzdem gehen sie in die Fremde. Offenbar sehen sie keinen anderen Weg ... Wie so viele vor und nach ihnen.

Die jüdische Flüchtlingsfamilie hat Glück, wird aufgenommen und darf bleiben. Die Kinder lernen wieder spielen und fröhlich sein, sie wachsen heran mit moabitischen Freunden, und als die

Zeit reif war, gab es auf keiner Seite große Bedenken, dass Ruth und Orpa, zwei junge Moabiterinnen, Kiljon und Machlon, die beiden Flüchtlingssöhne, heiraten.

Die größten Probleme aber, weit größere als heute, kommen mit dem Tod ... Zuerst stirbt der Ehemann und Vater, dann sterben beide Söhne. Noomi bleibt ganz ohne Verwandte allein zurück, und das in der Fremde. Das ist für eine Frau im alten Orient das wohl schlimmste, was passieren kann ... Ohne Rente, ohne jegliches soziale Netz: Sie bleibt zurück ohne rechtlichen Schutz, ohne Altersversorgung, ohne Zukunft - lebendig am Ort ihres Todes.

Irgendwann drängt Noomi darauf in ihre Heimat zurückzugehen, denn der Ewige, der HERR über alles Leben, hatte Regen gegeben, Gerste und Weizen standen ausreichend zur Verfügung. Die Menschen haben dort, in Bethlehem, genug Brot zu essen.

Noomi bindet das Schicksal ihrer Schwiegertöchter nicht an ihr eigenes, sie gibt sie frei ... Beide sollen ihren eigenen Weg gehen können. Sie stellt das nicht klagend oder seufzend fest, ... sie sagt aus ganzem Herzen JA dazu ... Sie drängt Orpa und Rut geradezu, ihre eigenen Wege zu gehen ... Sie gibt sie von Herzen frei.

Viel sagend ist Noomis Wunsch, Gott möge beiden Schwiegertöchtern die Güte, Barmherzigkeit, die Liebe vergelten, die sie gezeigt haben.

LIEBE – die soll sein, was bleibt zwischen ihnen. So trennen sie sich unter Tränen und gehen verschiedene Wege – Orpa zu ihrer Familie, Rut bleibt bei ihrer Schwiegermutter.

Beide Schwiegertöchter entscheiden sich unterschiedlich. Aber beide, Rut und Orpa, gehen ihren Weg heraus aus der

Barmherzigkeit – Liebe ist es, was sie verbunden hat ... und weshalb es weiter gehen wird.

Als **Ruth** mit Noomi in die Fremde aufbricht, ist es alles andere als klar, dass eine gute Zukunft auf sie wartet ... aber Ruth verliert nicht den Mut... sie schaut nach vorn ... und Gott gibt seinen Segen dazu. – Ruth spricht von einem Gott, der sich in allen Völkern finden lässt, der sich zeigt in der Verbundenheit mit denen auf der Schattenseite des Lebens; der sich zeigt in menschlicher Treue als Verlässlichkeit ohne „Wenn und Aber" ... da, wo alles ungewiss ist und alle Sicherheit verloren scheint.

„Dein Gott ist mein Gott" - gegen alle Sicherheit, um des Lebens willen ... Was soll daraus bloß werden? – Ruth hält nichts in Händen, dass ihr Vertrauen erklärt ... mit dem Gott, dem Volk, dem Land, denen sie sich da verspricht, hat sie keine Erfahrungen ... Sie sichert sich nicht ab mit Fragen nach Details ... Die Klarheit und Entschiedenheit ihrer Worte machen deutlich: solche Sicherheiten braucht sie nicht. – Das ist so anders als in vielen Beziehungs- und Zweiergeschichten, die im Laufe der Menschheitsgeschichte geschrieben oder erlebt worden sind ... wo Neues unsicher macht ... wo Angst andere ausgrenzt: Die einen beschreiben, was jemand wissen und tun muss, um dazu zu gehören, ... die anderen bleiben außen vor ... Begegnung findet nicht statt ... keine Solidarität, die sich ereignet ... und auch kein Gott, der erfahrbar würde ...

Ruths Geschichte ist Stoff für unsere Hoffnungen und Träume: da bleibt die eine bei der anderen und sagt: *„Dein Gott ist mein Gott"*, dein Weg ist mein Weg, ... dein Schicksal ist auch meines, ... dein Schmerz ist mein Schmerz, ... dein Leid ist auch meines, ... dein Hunger ist mein Hunger und ... deine Freude ist meine Freude.

Ruth weiß wenig von dem, was auf sie zukommt, ... aber sie weiß - tief in sich drin - wer sie ist...

Am Ende bekommt sie ein Kind ... Zeichen für eine gesicherte Zukunft, für Neues, das entstehen kann und das noch so offen ist für das, was der weitere Weg dieser Menschen mit sich bringt...

Es ist spannend und bemerkenswert, was Ruth tut: einem Menschen Schutz gewähren; - Weggefährtin für jemanden werden; - Freiheit leben, als Freiheit zum Bleiben; - jemanden begleiten, jemandem nahe sein; - das Leben teilen ... so jemanden annehmen, in dem tiefen Wissen, dass mein Leben von Gott getragen ist. –

Das Buch Ruth ist nicht ohne Witz und Gewitztheit. Es ist die Geschichte einer Frau, die das Schwere und die Grenzen im Leben kennt, ... aber ihr Mut, ihr Selbstbewusstsein und ihr Glaube reichen darüber hinaus ... Am Ende können wir mit ihr lächeln und schmunzeln ... dürfen spüren, wie unglaublich Leben gelingen kann: Das Kind, das Ruth zur Welt bringt, ist der Großvater des alttestamentlichen Königs David ... ein Urahne des Jesus von Nazareth ... Keiner dieser großen Männer ohne die Geschichte vom Mut, vom Selbstbewusstsein, von der Power, der Treue und Liebe dieser Frau ... Das vermeintliche Ende, vor dem Ruth stand, ist ein neuer Anfang, ... es gehört in eine Kette von Geschichten hinein, die weit in der Vergangenheit begannen und bis heute noch nicht abgeschlossen sind...

Geschichten gehören nicht denen, die sie schreiben, noch denen, die sie erzählen, ... Geschichten gehören denen, die sie brauchen ... Ich hoffe: Ihr und Sie könnt sie gebrauchen ... Nehmt die Geschichte mit in euer Leben und verwebt sie mit eurer Geschichte ... Das wünsche ich euch, damit euer Leben gelingt ... das wünsche ich uns allen hier ... leben wir weiter, was Ruth angefangen hat: „*Wo du hingehst, da will ich auch hingehen, und wo du bleibst, da bleibe ich auch. Dein Volk ist mein Volk, und dein Gott ist mein Gott.*"

– Amen.

GEBET (angeregt durch Birgit Reiche, Frauenhilfe Westfalen)

An deinem Tisch, Gott, ist für alle Platz,
auch für solche, die anders denken und reden als wir,
die anders glauben und handeln.
Vergib uns, wenn wir enge Grenzen ziehen und viele ausschließen.
Ziehe uns hinein in deine weitherzige Gerechtigkeit.
Gott ist ein mitgehender Gott. Und so bitten wir um Gottes Segen für alle Menschen auf der Flucht und für uns:
Gott, unterwegs mit den Menschen, berge uns alle unter deinem Schutz.
Jesus, Flüchtling und Migrantenkind, gib uns Mut zu deiner Nachfolge.
Heilige Geistkraft, stärke uns auf dem Weg, den wir im Namen Gottes gehen.
Amen

2. TAG DES GEDENKENS AN DIE OPFER DES NATIONAL-SOZIALISMUS

27. Januar 2021 - Matthäus 10, 26-28

Wir erinnern an die Opfer des Nationalsozialismus: Am 27. Januar, am Tag der Befreiung des Vernichtungslagers Ausschwitz-Birkenau, denken wir an dir Opfer von Hass und Gewalt.

In der Nachfolge unseres Bruders Jesus Christus möchten wir in allen Menschen unsere Geschwister sehen ... Gottes Atem, sein Heiliger Geist stärke unser Mühen um Gerechtigkeit ... Es möge unter uns nicht mehr gelten oben und unten, nicht mehr groß und klein, nicht mehr wichtig und unwichtig, nicht mehr artig und schwierig, nicht mehr heilig und alltäglich. Nicht mehr länger dazugehörig und fremd, nicht länger fromm und ungläubig ... nicht länger.

Zum Nachdenken haben wir einen Text aus:

Matthäus 10, 26-28

„Darum fürchtet euch nicht vor ihnen. Denn es ist nichts verborgen, was nicht offenbar wird, und nichts geheim, was man nicht wissen wird. Was ich euch sage in der Finsternis, das redet im Licht; und was euch gesagt wird in das Ohr, das verkündigt auf den Dächern. Und fürchtet euch nicht vor denen, die den Leib töten, doch die Seele nicht töten können; fürchtet viel mehr den, der Leib und Seele verderben kann in der Hölle.“

Eine Sendungsrede Jesu an seine Jünger ... Sie sollen in eine feindliche Umwelt aufbrechen. Umrahmt wird die Rede von *„Fürchtet euch nicht“* und *„Fürchtet euch.“*

Das *„Fürchtet euch nicht“* hat Charme. Es kursiert das hartnäckige Gerücht, dass der Satz, *„Fürchte dich nicht“* 365-mal in der Bibel steht ... für jeden Tag zum Durchbuchstabieren.

Aber angesichts der Gräueltaten und Schrecken der Schoa kommt mir dieser Satz kaum über die Lippen ... *„Fürchtet euch nicht!"* –

Bestialisch, ... Menschen und Gott verachtend sind Menschen getötet worden, ... widersinnig, irrsinnig, wie bei der „Aktion Erntefest" in Majdanek, bei der am 3. November 1943 500 SS-Soldaten 17.000 Juden zu Walzerklängen von Strauß erschossen.

In welcher Sprache lässt sich das Leid beklagen und die Opfer beweinen? – Mir macht Angst, das heute immer noch Menschen diese Taten leugnen und das Denken der Täter befördern.

Wo ist Gott? - Ich denke an eine Geschichte, die Elli Wiesel aus dem KZ Auschwitz erzählt. Eine furchtbare Geschichte und dennoch nur ein Beispiel für menschliche Grausamkeit und menschliches Leiden: Die SS erhängte zwei jüdische Männer und einen Jungen vor der versammelten Lagermannschaft. Die Männer starben rasch, aber der Todeskampf des Jungen dauerte eine halbe Stunde. „Wo ist hier Gott?", wurde Elli Wiesel von einem Menschen neben ihm gefragt. Er wagte nicht zu antworten. Als nach endlos langer Zeit, der Junge sich immer noch am Strick quälte, hörte Elli Wiesel wieder die Stimme: „Wo ist Gott jetzt?" – Und dann wusste er die Antwort: Hier ist er! Gott selber hängt dort am Galgen...

Gott selbst hängt dort am Galgen. Nirgendwo sonst kommt Gott uns Menschen so nahe, wie in unseren tiefsten Ohnmachts- und Leidenserfahrungen ... Nicht, weil er das Leiden will, ... er ist uns nah, weil wir ihn dort am dringendsten brauchen...

Das „*Fürchtet euch nicht*" ist keine Beschreibung, wie es uns geht … „*Fürchtet euch nicht*" ist Wunsch, Hoffnung und Auftrag, dass wir ins Licht stellen, was noch im Dunkeln liegt. Womöglich, wie es Mascha Kaléko in einem Gedicht beschreibt:

> Die Nacht,
>
> In der
>
> Das Fürchten
>
> Wohnt,
>
> Hat auch
>
> Die Sterne
>
> Und den
>
> Mond.

„*Fürchte dich nicht*" … aus dem Zuspruch erwächst die Verantwortung zur Antwort. „*Fürchte dich nicht*" zu widersprechen, wenn menschenverachtende Parolen gebrüllt werden … Gott ist auf der Seite der Opfer, da gehören wir doch auch hin … „*Fürchte dich nicht*" – Amen.

Wir denken an die Opfer des Nationalsozialismus:

Wir beginnen – mit Schweigen.

Das Schweigen des Todes; das Schweigen des Lebens.

Das Schweigen nach der Zerstörung. Das Schweigen vor der Schöpfung.

Es gibt Zeiten, da geraten Lieder ins Stocken,

Da erfüllt Finsternis das Leben,

Da wird das Martyrium zu einem Sinnbild des Glaubens

Gegen den unerbittlich schwarzen Raum, der uns umgibt.

Keine Worte gelangen jenseits der Grenze der Nacht,

Kein Kundschafter vermag uns die ganze Geschichte zu erzählen.

Es bleibt nur das Schweigen.
Das Schweigen Hiobs.
Das Schweigen der [sechs] Millionen.
Das Schweigen der Erinnerung.
Wir erinnern uns an sie, während wir das Schweigen vernetzen
zu einem Schweigen,
das sich in Gebet verwandelt,
Das die Finsternis berührt, sie aber nicht erfasst,
Die Angst, die Erinnerung heißt; und Liebe.
Und Leben und Tod.

Wir haben viel versäumt.
Herr, erbarme Dich.[1]

Wir beten: (nach Fulbert Steffensky)
Gott, du birgst die Welt wie eine Mutter, die Kinder wärmt in
ihrem Schoß,
du erneuerst das Gesicht der Erde, wir warten auf dich.
Deine Gnade ruft unsere Gerechtigkeit ins Leben und wir lernen, das Recht zu lieben,
den Geist deiner Heiligung nimm nie mehr von uns.[2]
Amen

---

[1] aus: E. Wiesel/A. Friedlander, Die sechs Tage der Schöpfung
und Zerstörung, Freiburg 1992, 93 f
[2] https://asf-ev.de/wp-content/uploads/ph_27.-januar-
2019_web.pdf

3. MUTMACH-GEDANKEN

5. Februar 2021 – 5. Mose 8,3

Verzweifelst du, verzweifeln Sie auch manchmal an den auferlegten Begrenzungsregeln? – Wir wollen niemanden gefährden; Corona-Viren / Aerosole können uns infizieren, deshalb halten wir Abstand ... Mehr Menschen als sonst arbeiten von zu Hause. Darauf sind nicht alle eingestellt ... Die Zeit zerfranst an den Rändern. - Wir schaffen es nicht immer Arbeitszeit und freie Zeit zu begrenzen / zu unterscheiden ... manchen fehlen auch Platz und Ruhe. - Der Abstand nach außen bedeutet mehr Nähe in der Familie, mehr als sonst fühlen sich Eltern überfordert mit den Aufgaben, die ihre Kinder über Telefon, Mail oder eine Plattform von Lehrern bekommen ... immerhin muss die eigene Arbeit ja auch noch erledigt werden. Über WhatsApp habe ich ein Foto geschickt bekommen. Der Text: Eltern im Home-Office, zu sehen ist ein Mensch am PC, die Kinder liegen gefesselt und geknebelt auf dem Boden ... eine heitere, aber keine ernste oder umsetzbare Idee.

Es reicht uns, wir wünschen uns unsere alte Normalität, mit Berührung und Nähe ... Wann dürfen wir wieder Hände schütteln und liebe Menschen umarmen? – Ich möchte Ihnen Mut machen, die Regeln einzuhalten und auch gut durch diese Zeit zu kommen.

In den Nachrichten hat Corona einen prominenten Platz. Wir erfahren viel über geplante Schritte, über Hindernisse und Probleme, die Pläne und Wünsche umzusetzen ... Manchmal mag ich es gar nicht mehr hören, weil der Wunsch, sich handlungsfähig zu zeigen, stärker ist als das Vermögen, die Situation zu verbessern.

Was ist das nur mit Corona? – Das heimtückische Virus mit dem schönen Namen ... das lateinische Wort „Cor"=Herz verbirgt sich darin. Das verlangt unsere Herzlichkeit und Verantwortung für andere, d.h. auch körperlichen Abstand zu halten ... So wie in dem arabischen Sprichwort: „Haltet eure Herzen zusammen und die Zelte auseinander." – Wir entwickeln neue Formen uns zu begrüßen, - entdecken, was im Leben zählt, - konzentrieren uns aufs Wesentliche und können so auch manchen Schatz bergen.

Dazu passt, dass die Heilige Corona (gibt es tatsächlich) auch die Patronin der Schatzgräber ist ... Wer weiß, welche Schätze wir noch heben.

Von solchen Schätzen erzählt uns die Maus Frederick: Ich sammle Farben für den Winter! Frederick hat fleißig gesammelt: Sonnenstrahlen, die vom Himmel fallen; Lieder, die die Vögel singen; Geschichten, die der Wind erzählt.

„Wir haben wichtigeres zu tun", sagen seine Freunde. „Deine Schätze sind wertlos, wenn der Winter kommt! Womit willst du deinen Bauch füllen? Womit willst du deine Kammer warmhalten? Wir müssen Vorräte sammeln, Moos suchen und Heu aus Bauers Scheune tragen!" –

Ohne Geschichten bleibt das Leben einseitig. Stellten Sie sich die große Mäusefamilie vor, wie sie in ihrem warmen Bau sitzt, die Vorratskammern für lange Zeit gefüllt, aber ohne Themen am Wohnzimmertisch, ohne Geschichten aus der Vergangenheit, ohne Träume für die Zukunft!

„Die Maus lebt nicht vom Korn allein", das ist Fredericks Motto ... *„Der Mensch lebt nicht vom Brot allein, sondern von* *jedem Wort, das Gott zu uns spricht"*, so heißt es im Alten oder Ersten Testament (5. Mose 8,3). Diese Formulierung spricht mich an, sie macht deutlich: Wir brauchen beides: Brot und Wort, Vorräte und Geschichten.

Die Geschichte von Frederick zeigt, Geschichten können durch schwere Zeiten tragen und Mut geben, weiterzugehen.

Gehen wir weiter: Das Leben ist nicht auf Erfolge zu beschränken, darauf einzuengen, dass es „glatt" verläuft und dem Anschein nach „gut" ist ... Leben zeigt sich im Miteinander ... oder wie Martin Buber sagt: „Der Mensch wird am Du zum Ich."

Auf diesem Weg gibt es Reibung, die gehört dazu. Womöglich müssen wir in diesen Corona-Zeiten auch wieder üben, wie wir mit unterschiedlichen Ideen und Interessen aufeinander zugehen können ... unsere Geschichten und Erzählungen gehören dazu, ... sie zeigen, Begegnung und wie Gott in unsere Leben eingewoben ist. „Der Mensch lebt nicht vom Brot allein, sondern von jedem Wort, das Gott zu uns spricht"

Ich wünsche dir und Ihnen offene Augen und den Mut für gute Begegnungen ... erzählt von den Farben und den Liedern, die ihr gesammelt habt. *„Der Mensch lebt nicht vom Brot allein."* – Amen

Zum Mutmachen - Psalm 31 nach Hans Dieter Hüsch

Ich bin vergnügt erlöst befreit.
Gott nahm in seine Hände meine Zeit,
mein Fühlen, Denken, Hören, Sagen,
mein Triumphieren und Verzagen,
das Elend und die Zärtlichkeit.
Was macht, dass ich so fröhlich bin
in meinem kleinen Reich?
Ich sing und tanze her und hin
vom Kindbett bis zur Leich.

Was macht, dass ich so furchtlos bin
an vielen dunklen Tagen?
Es kommt ein Geist in meinen Sinn,
will mich durchs Leben tragen.
Was macht, dass ich so unbeschwert
und mich kein Trübsinn hält?
Weil mich mein Gott das Lachen lehrt
wohl über alle Welt.

Amen

4. GIB MIR DIE RICHTIGEN WORTE

12. Februar 2021 – 1. Korinther 1,4-9

Wie gehen Menschen mit heftiger Kritik um? – Hasnain Kazim hat das zum Thema gemacht in seinem Buch: „Post von Karlheinz. Wütende Mails von richtigen Deutschen – und was ich ihnen antworte". Das meiste klicke ich einfach weg, schreibt er ... Aber eine Wirkung bleibt. Was manche von ihm halten und wünschen, bekommt er bisweilen aufs hässlichste mitgeteilt, aus allen Bevölkerungs-schichten ... von Leuten mit und ohne Titel.

Die Menge, die Dichte, die Brutalität und Hässlichkeit der Wutschreiber ist enorm gewachsen ... Da ist irgendwann eine Hemmschwelle weggeschwemmt worden.

Verletzende, menschenfeindliche beleidigende Kommentare gelten als mutiger Tabu-Bruch, mit dem man Applaus erntet ... Manche glauben, wie-der derb sein und ungeschönt reden zu können ... und sind dann richtig stolz auf sich selbst ... Sie sagen: Es gilt ja Meinungsfreiheit! –

Ein neuer Ton geht um ... eine - im wahrsten Sinne des Wortes - gnadenlose Art und Form des Redens und Schreibens ... Eine bislang nicht gekannte oder nicht offen erkennbare, anstandslose, hässliche Streit-Unkultur kommt zum Vorschein ... Keiner kennt das Rezept, meint der Dresdner Dichter Durs Grünbein in der ZEIT, wie aus diesem Labyrinth wieder herauszufinden sei. – Auch in der Kirche ist es eine Aufgabe darüber nachzudenken, wie wir mit den starken Emotionen in Politik und Gesellschaft und Religion umgehen.

Paulus macht einen ungewöhnlichen Anfang, so wie er an die schreibt, mit denen er im Streit liegt.

„Ich danke meinem Gott immer wieder für die Gnade, die er euch durch Christus Jesus geschenkt hat. So seid ihr reich an der Fähigkeit zu reden und reich an Erkenntnis. Es fehlt euch keine der Gaben, die er in seiner Gnade schenkt." (1. Korinther 1)

Paulus Haltung und die Botschaft in diese unschöne, hässliche Tabu- und Gnadenlosigkeit hinein weisen aus dem Labyrinth heraus ... in unsere Zeit übertragen sagt es Dorothee Sölle so:

„Ihr, ihr Gekränkten, Beleidigten, Vergessenen ihr gereizte Wutschreiber, ihr Hassverliebte und recht-haben-wollende, auf eure Rechte beharrende, ihr Sündenbocksucher, ihr polternde und beachtet wer-den wollende, ich möchte, ich wünschte mir, dass ihr eine Gewissheit habt, aus der ihr leben könnt, nämlich, dass ihr - und wir alle - den Weg zum Glück nicht als Suchende beginnen, sondern als schon gefundene", ... als angenommene, als mit Gnade überschüttete, als wahrhaft Begnadete.

Das bedeutet doch: erinnert, ... vergewissert euch, worin ihr stark seid, welche Gaben euch ausmachen, welche Fähigkeiten euch gegeben sind, geschenkt wurden ... umsonst ... wie ihr bereichernd wirkt, was in euch ist, ohne dass ihr selbst etwas dazutun konntet, was euch gegeben ist. – Das ist das, wovon ihr lebt, vorrausetzungslos, was ihr nicht kaufen, nicht herstellen oder verdienen könnt ... Es ist euch schon gegeben ... als Geschenk. –

Jesus konnte Menschen als Geschenk annehmen ... darin war und ist er uns ein Geschenk.

Er hat damit die Umstehenden irritiert, aber auch fasziniert, verändert ... Das hat Wunder gewirkt, Menschen aufgerichtet, motiviert, manchen enorme Kraft gegeben, hat sie gestärkt weiter zu leben, neu anzufangen, nicht zu verhärten oder zu versteinern.

Die Begegnung mit der sogenannten Ehebrecherin macht das deutlich. Die umstehenden Männer wollen sie verdammen, verurteilen, ... haben ihr den Tod gewünscht.

Er begegnet wertschätzend, herausfordernd, wohl-meinend und zukunftsweisend ... vielleicht hilft es uns, wenn wir auf die gegenwärtige, gnadenlos gewordenen Wut- und Gewaltsprache reagieren...

Es hilft, eine Ahnung von Gott zu bekommen, viel-leicht auch nur den Hauch einer Ahnung von Gott, ... wenn Menschen immer mehr nur in den Grenzen dessen fühlen und denken, was sie als Einzelne überblicken können und wollen, dabei aber die Frage nicht mehr stellen, auch nicht mehr stellen wollen, woher wir kommen, wohin wir gehen ... Ist das nicht ein Ausdruck des Verlustes von Gott?, fragt Vaclav Havel. (1997)

Lassen Sie uns Gott wiederfinden und auf dem Weg, ... Gott, schenke uns die richtigen Worte. – Amen

Gedanken und ein Lied von Manfred Siebald:[3]

Gib mir den richtigen Ton

Worte, die deutlich für jeden von dir reden -

Gib mir genug davon

Worte, die klären, Worte, die stören

Wo man vorbeilebt an dir

Wunden zu finden und sie zu verbinden –

Gib mir die Worte dafür

Gib mir die guten Gedanken

Nimm mir das Netz vom Verstand

Und lass mein Denken und Fühlen vor dir spielen

So wie ein Kind im Sand

Staunend und sehend, prüfend, verstehend

Nehm ich die Welt an von dir

Sie zu durchdringen, dir wiederzubringen –

Gib mir Gedanken dafür

Gib mir den längeren Atem

Mein Atem reicht nicht sehr weit

Ich will noch einmal verstohlen Atem holen

In deiner Ewigkeit

Wenn ich die Meile mit einem teile

Die er alleine nicht schafft

Lass auf der zweiten mich ihn noch begleiten

Gib mir den Atem, die Kraft

Amen

---

[3] Manfred Siebald

© SCM Hänssler, 71087 Holzgerlingen

5. MUT ZUM LEBEN

10. Februar 2021 – Jesaja 42,3

Corona ist in diesen Tagen ein bestimmendes Thema. Wir hören und lesen viel über Mutationen, Impfstoffe und Einschränkungen ... Vielen macht das Angst, auch weil wir nicht wissen, wie es weitergeht.

Mit den Worten heute möchte ich Ihnen Mut zum Leben machen.

Stark sind die großen Verheißungen, die ich bei Trauerfeiern gern spreche, Paulus schreibt sie an die Gemeinde in Rom: *„unser keiner lebt sich selber und keiner stirbt sich selber. Leben wir, so leben wir dem Herrn, sterben wir, so sterben wir dem Herrn..."* und auf dem Friedhof aus dem Brief an Timotheus: *„Christus Jesus hat dem Tode, die Macht genommen und das Leben und ein unvergängliches Wesen ans Licht gebracht, durch das Evangelium."* – Wenn unser Leben erschüttert ist, weil ein lieber Mensch gestorben ist oder schwere Krankheiten unser Leben bedrohen, brauchen wir wohl solche großen Verheißungen ... Wir binden uns damit an den Himmel an.

Aber wenn ich weiter gehe, Nachrichten höre, über Krieg und Konflikte in Jemen, Myamar, Libyen und anderswo, wo Menschen, ums Leben kämpfen und um Atem ringen, dann werde ich brutal auf die Erde zurückgeworfen ... Wir Menschen lernen nicht dazu, quälen uns gegenseitig, bedrohen einander. Was nützt mir das neue Jerusalem, wenn wir hier und jetzt unter dem Hass des Rassismus leiden ...?

Ich suche:

- ein Wort, dass mir im Alltag Kraft gibt;

- ein Wort, das Himmel und Erde miteinander verbindet;
- ein Wort, das im Alltag trägt ... das durch den Alltag trägt.

Fündig werde ich bei Jesaja (42, 3): *„Das geknickte Rohr wird er nicht zerbrechen, und den glimmenden Docht wird er nicht auslöschen."*

„Das geknickte Rohr" und *„der glimmende Docht"* sind Bilder dafür, wie die Lebenskraft und die Bestimmung, die Gott in uns hineingelegt hat, auch zerbrechen kann...

Es wird uns keine heile Welt vor Augen gemalt ... nicht leichtfertig gesagt: „Glaube an Gott, dann wird in deinem Leben alles gut." - Vieles in unserer Welt kann nicht einfach rückgängig gemacht werden. Das Prophetenwort malt die Wirklichkeit nicht rosarot und bonbonfarben ... Die Welt ist gebrochen und hilfsbedürftig.

Im Ersten Testament der Bibel sagt Gott von dem Menschen, den er beauftragt und zum Licht aller Völker macht: *„Das geknickte Rohr wird er nicht zerbrechen"* (Jesaja 42, 3). Gott wirkt fürsorglich. Er will nicht, dass man noch niedertritt, was schon am Boden liegt. Er richtet seine Augen auf die Geknickten und die Zerbrochenen. - Das ist keine gewaltige Machtdemonstration. - Es ist eine sanfte, aber starke Kraft, mit der Gott wirkt ... Im Prophetenbuch Jesaja ist es das biblische Volk Israel, das geknickt ist. Der König von Babylon hat Israel erobert und einen Teil der Bevölkerung ins Exil verschleppt. Die Stadt Jerusalem mit dem Tempel Gottes ist zerstört, das Land verwüstet. Da zeigt sich Gott von seiner sanften Seite. *„Das geknickte Rohr wird er nicht zerbrechen."*

Wir sind es gewohnt, dass beschädigte Ware aussortiert wird. Ein Mensch mit einem Knick im Lebenslauf hat es schwer, wieder Anschluss zu finden. Gott zeigt Sinn für das Einzelne und Kleine, das verletzt ist ... Gott geht behutsam mit den Stellen um, an denen das Leben einen Bruch erlitten hat. Schilfrohre gibt es viele. – Im Leben tauschen wir das Zerbrochene aus, ersetzen es ... Gottes Botschaft ist eine andere: das Zerbrochene bleibt bewahrt.

Die Menschen in der Bibel sprechen von Gottes Zärtlichkeit ... Sie beschreiben, dass Gott tröstet, *„wie einen seine Mutter tröstet"* (Jesaja 66, 13). Gott ist für sie wie ein Vater und wie eine Mutter, die ihr Kind liebhaben. Eltern helfen ihrem Kind beim Laufen lernen und bereiten es auf die Schwierigkeiten im Leben vor.

Die Menschen in der Bibel reflektieren und erzählen davon, was ihnen passiert und wie sie dabei Gott erfahren haben: Gott verhält sich nicht launenhaft aus dem Bauch heraus. Er setzt sich zur Welt in Beziehung ... Zärtlichkeit ist ein starkes Gefühl der Zuneigung ... Liebende sind zärtlich zueinander ... So begegnet Gott: mit Liebe. – Ich wünsche Ihnen, dass Sie, auch in dieser Zeit, in der wir Angst haben, - uns mit Corona zu infizieren, - in Sorge sind wegen der Hassbotschaften in der Welt, den Blick auf Menschen um uns und auf das Leben nicht verlieren, ... und dass wir erleben dürfen: Gott ist bei mir, gibt mir Halt, lässt mich leben.

„Das geknickte Rohr wird er nicht zerbrechen, und den glimmenden Docht wird er nicht auslöschen."

– Amen

Gebet nach Psalm 16 von Hanns Dieter Hüsch

Umsorge mich mit deiner Liebe,
denn bei dir bin ich zu Hause.
Deine Kinder erfahren deine Güte
und ich gehöre dazu.
In deinen Händen hältst du mein Leben.
Mein Herz hängt an dir Tag und Nacht.
Du gibst mich nicht auf,
du gibst mich nicht preis.
Du zeigst mir den Weg ins Leben,
darum will ich bei dir bleiben für alle Zeit –
alle Tage und in den Nächten.
Amen

6. WAS IST GLAUBE

28. Februar 2021 – Hebräer 11,8-10

Heute möchte ich mit dir, mit Ihnen nachdenken, über die Frage: was ist Glaube?

Im Hebräerbrief lesen wir: *„Der Glaube aber ist die Grundlegung dessen, was man erhofft, der Beweis für Dinge, die man nicht sieht."* – Was ist Glaube?

Mir fällt dazu eine Anekdote ein: Ein fundamentalistischer Prediger wollte sich über den Sündenfall verbreiten und begann, das betreffende Stück aus dem 1. Buch Mose vorzulesen: *„Und das Weib"*, setzte er ein, blätterte um, doch versehentlich etwas zu weit, landete bei der Beschreibung der Arche Noah und fuhr fort: *„dreihundert Ellen sei die Länge, fünfzig Ellen die Weite und dreißig Ellen die Dicke und dazu abgedichtet mit Pech inwendig und auswendig."* Er stutzte, fasste sich jedoch schnell und sagte: „Nicht wahr, da staunt ihr, liebe Brüder und Schwestern. Aber Eva war ja schließlich die Stammmutter des ganzen Menschengeschlechts. Da können wir wohl verstehen, dass sie dreihundert Ellen lang, fünfzig breit und dreißig dick war" - das sind nach heutigen Maßen etwa 140 x 22 x 12 Meter -, „aber, dass sie inwendig und auswendig mit Pech abgedichtet war - das kann man freilich nicht mehr verstehen. Das kann man nur glauben." –

Das, was der Prediger sagt, hilft uns nicht weiter ... Glaube ist kein bloßes Für-wahr-Halten, kein Lückenbüßer, wenn etwas nicht zu erklären ist, weil unser Wissen oder auch unsere Fantasie dafür nicht ausreicht ...

Hebräer 11, 8-9

„Durch den Glauben wurde Abraham gehorsam, als er berufen wurde, in ein Land zu ziehen, das er erben sollte; und er zog aus und wusste nicht, wo er hinkäme. Durch den Glauben ist er ein Fremdling gewesen in dem verheißenen Lande wie in einem fremden und wohnte in Zelten mit Isaak und Jakob, den Miterben derselben Verheißung.“

Was für eine spannende Geschichte und eine wunderbare Beschreibung von Glauben … Glaube geht weiter, … träumt lebhaft. – Glauben heißt, etwas Verrücktes zu tun. So wie Petrus aus dem Boot stieg, um zu Jesus auf dem Wasser zu laufen … verrückt … Total verrückt.

Abraham, von dem im Hebräerbrief die Rede ist, tut auch etwas Verrücktes, er geht ins Ungewisse.

Gott hatte ihn auf die Reise geschickt, ihn auf eine Lebensspur gesetzt hat, zu deren Alltag auch Flucht und Migration gehörte … so, als sollte deutlich werden, dass dies immer wieder auch das Los des Gottesvolkes sein kann … sein wird…

Geschichten des Glaubens sind auch Geschichten des Zweifels, … der Verzweiflung, … der Enttäuschung, … eines letzten Restes Überlebensmut und Überlebenskampf, … Geschichten, in denen Gott ganz nah oder auch ganz fern daherkommt; … manchmal stehen Menschen in der Gefahr, im Namen Gottes den letzten Funken Glauben in den Herzen ihrer Zeitgenossen noch zu zerstören…

Das Auf und Ab, die Hindernisse auf dem Weg sind nicht Teil von Gottes Plan … Aber die Erinnerung an seine Wege mit den Menschen macht deutlich, dass er sich gerade dort, wo Leiden, Flucht, Verzweiflung, Überlebensängste und -hoffungen den Alltag bestimmen, an die Seite der Leidenden und Ängstlichen, … der Zweifelnden und Bangen-den gestellt hat. –

Den Selbstgewissen, Selbstgerechten und Selbstsicheren erschließt sich das nicht sofort. Sie vertrauen auf ihre Kraft, ihre Möglichkeiten und ihre Fertigkeiten ... Das ist das Gegenteil von Glauben im biblischen Sinne ... Glaube ist nicht die Sicherheit eines zufriedenen und behüteten Lebens ohne Gefährdungen und in Frieden und Freiheit; ... Glaube ist die Gewissheit, dass nichts im Leben mich wirklich von Gott trennen wird ... und dass nichts im Leben schon das letzte Wort über mich ist ...

Glauben ist ein wunderbares Vertrauen-Können ... trotz allem, was auch geschehen mag.

Wenn wir uns alte und neue Geschichten erzählen, nähren wir den Glauben, damit wir Gott nicht aus den Augen und aus dem Herzen verlieren ... im Auf und Ab, ... zu Hause oder unterwegs.

Erzählen Sie alte und neue Geschichten und haben Sie Mut für die Wege vor Ihnen.

Auf dem Grabstein der Dichterin Hilde Domin und ihres Mannes, späten Nachkommen Abrahams, die vor den Nationalsozialisten in die Dominikanische Republik flohen, stehen die Worte „Wir setzten unseren Fuß in die Luft, und sie trug." – Amen.

Gebet nach Psalm 130 von Hanns Dieter Hüsch

Wir alle sind in Gottes Hand
Ein jeder Mensch in jedem Land
Wir kommen und wir gehen, wir singen und wir grüßen
Wir weinen und wir lachen
Wir beten und wir büßen
Gott will uns fröhlich machen.
Wir alle haben unsre Zeit
Gott hält die Sanduhr stets bereit
Wir blühen und verwelken
Vom Kopf bis zu den Füßen
Wir packen unsre Sachen
Wir beten und wir büßen
Gott will uns leichter machen....
Wir alle bleiben Gottes Kind
Auch wenn wir schon erwachsen sind
Wir werden immer kleiner
Bis wir am Ende wissen
Vom Mund bis zu den Zehen
Wenn wir gen Himmel müssen
Gott will uns heiter sehen.
Amen

7. ZWEIFEL UND LEID

6. März 2021 – Jeremia 20,7-11

Heute möchte ich mit dir, mit Ihnen dem Propheten Jeremia nachspüren ... Es geht um die Frage, wie wir mit Zweifel, mit Leid im Leben umgehen. –

Jeremia ist von Selbstzweifeln befallen, ... auch sein „Gottesverhältnis" ist gründlich in Frage gestellt ... Nach einigen Jahren des Prophetenamtes kommt er zu dem düsteren Schluss, dass er von „Gott" hineingedrängt, verführt wurde: „*DU hast mich betört. Und ich habe mich betören lassen.*" Jeremia ist enttäuscht, empört, fühlt sich betrogen ... dem Stärkeren ohnmächtig ausgeliefert: „*Gepackt hast DU mich und überwältigt.*"

In dieser tiefen Erschütterung bleibt nur Verweigerung und Flucht nach innen: „*Ich werde Seiner nicht (mehr) gedenken, nicht mehr in Seinem Namen sprechen ...*".

Jeremia stelle ich mir als einen ernsthaft um Wahrheit ringenden Menschen vor, der versucht, seinen „Gott" und dessen Auftrag zu ignorieren und sich gänzlich in Schweigen hüllt...

Persönlichkeiten wie Jeremia treiben ihre eigenen Gedanken und Zweifel immer wieder ins Gebet, ehrlich, offen und sogar „Gott" gegenüber kritisch. Eine rabbinische Geschichte erzählt von solch einer Gebetshaltung, wie sie dem christlichen Denken eher fremd ist:

Ein Rabbi beauftragt am Abend vor dem Versöhnungstag (Jom Kippur), einen Schneider zu beobachten. Dieser öffnet zwei Bücher vor „Gott", die beide Verfehlungen enthalten: eines die Liste der Sünden des Schneiders, dann je-doch auch ein anderes, „in welches ich alle Sünden eingetragen habe, welche du begangen hast: die Sorgen, die Trauer und den Kummer, die du mir und meiner Familie geschickt hast. Ewiger der Welt, wollten wir unsere Schulden genau zusammenzählen, so würdest du mir mehr schulden als ich dir. Doch es ist der Vorabend zum Versöhnungstag, da jedermann die Pflicht hat, mit seinem Nächsten Frieden zu schließen. Daher vergebe ich dir deine Sünden, wenn du mir die meinen vergibst."

Die Schüler des Rabbi waren entsetzt angesichts der unverschämten Haltung des Schneiders ... Der Rabbi meinte jedoch, dass die „in seiner großen Einfalt" gesprochenen Worte des Schneiders „in allen himmlischen Sphären große Freude verursacht hätten." –

Jeremia beginnt mitten in seinem Leiden eine erschütternd ehrliche Zwiesprache mit Gott: *„HERR, du hast mich überredet, und ich habe mich überreden lassen. Du bist mir zu stark gewesen und hast gewonnen; aber ich bin darüber zu Spott geworden täglich, und jedermann verlacht mich."* (Jeremia 20, 7f)

Jeremia hat 40 Jahre lang Gott seinen Mund geliehen hat und musste dafür seinen Kopf, ... seine ganze Existenz hinhalten...

Jeremia fühlt sich von Gott getäuscht und betrogen ... er sagt es Gott ins Gesicht, schmeißt ihm die Brocken hin ... Jetzt ist Gott am Zug.

Von Menschen wie Jeremia gilt, was der Orientalist Navid Kermani in seinem Buch „Der Schrecken Gottes" schreibt: „(Sie) verlieren nicht den Glauben an Gott, wenn sie gegen Ihn aufbegehren; in ihrer Verzweiflung sind sie religiöser als die Gläubigen, die Gott preisen, aber vor den realen Verhältnissen Seiner Schöpfung die Augen verschließen. Die über das übliche

Maß lieben, wagen es, den Gott einzufordern, wie Er sich selbst offenbart hat."

In der Passionszeit nehmen wir das Evangelium des Christus in den Blick, sein Leben auf dieser Welt war kein Triumphzug, es endete am Kreuz mit einem Schrei aus der Gottverlassenheit ... in der Passionszeit tut es gut, das Leiden des Christus einmal mit den Augen und Ohren Jeremias zu hören und zu betrachten ... Der hätte den Weg des Christus mit höchster Aufmerksamkeit verfolgt ... er hätte wahrgenommen, wie Jesus auf dem Weg nach Jerusalem die Armen am Straßenrand nicht mit frommen Sprüchen abspeist, sondern gesund macht ... er hätte verstanden, dass Jesus in Gethsemane vor lauter Angst Blut schwitzt ... er hätte gebetet, als der Christus stirb, die letzte Klage auf den Lippen ... so starb er ... dann war Gott am Zug.

Rabbi Mosche Löb, über dessen Sanftmut die kuriosesten Geschichten erzählt werden, schwor, nach dem Tod so lange in der Hölle auszuharren, bis er alle Bewohner der Hölle mitnehmen könne ... Für den Psalmvers *„Wohl dem, den du, Herr, züchtigst"* (Ps. 94, 12) bevorzugte der Rabbi eine andere Lesart: *„Wohl dem, der wagt, Gott zu züchtigen."* – Als in einer Familie mehrere Kinder in frühem Alter starben, wandte sich die Mutter an die Frau des Rabbi: „Was für ein Gott ist denn der Gott Israels? Er ist grausam und nicht barmherzig. Er nimmt, was Er gegeben hat." „So dürfe man nicht reden", wiegelte die Frau des Rabbi ab; „unergründlich seien die Wege des Herrn, der Mensch müsse lernen, sein Schicksal anzunehmen" ... In diesem Augenblick erschien Rabbi Löb auf der Türschwelle und rief der trauernden Besucherin zu: „Und ich sage dir, Frau, man muss es nicht annehmen! Man muss sich nicht unterwerfen. Ich rate dir, zu rufen, zu schreien, zu protestieren, Gerechtigkeit zu fordern, verstehst du mich, Frau? Man darf es nicht annehmen!"

Denn dann ist Gott am Zug.

Und dem traut Jeremia viel zu...

Ich wünsche dir und Ihnen die Gotteserfahrung, die Jeremia ausspricht: *„Der HERR ist bei mir wie ein starker Held, darum werden meine Verfolger fallen und nicht gewinnen.“* (Jeremia 20, 11a) ... Das gilt für Jeremia und für uns. – Amen.

Gebet (angeregt durch EG -KW- 584)
Jesus Christus, ich komme zu dir,
ich gebe dir alles, was ich habe:
meine Hoffnung und meinen Zweifel,
meine Sehnsucht und meine Ohnmacht.
Sei mein Weg, meine Wahrheit,
hilf mir leben.
Amen

8. ABRAHAM UND EIN ÄRGERLICHER AUFTRAG

22. März 2021 – 1. Mose 22,1-13

Liest du, lesen Sie auch gern in der Bibel? – Ich finde es spannend, in diesem Buch zu lesen. Die Menschen, die uns vor Augen geführt werden, sind angreifbar, manchmal innerlich zerrissen, auf dem Weg und lernfähig ... Heute möchte ich mit dir, mit Ihnen Abraham begleiten. Er ist auf der Suche nach Gott.

Im 1. Buch Mose wird uns im 22. Kapitel von Abraham berichtet: *Die Gottheit prüfte Abraham und sprach zu ihm: »Abraham!« Er sagte: »Hier bin ich.« Sie sprach: »Nimm doch deinen Sohn, deinen einzigen, den, den du liebst, den Isaak, und geh los in das Land Morija und führe ihn dort hinauf für ein Brandopfer auf einem der Berge, den ich dir sagen werde.«*

Abraham tut, was ihm aufgetragen wurde ... das ist eine ärgerliche Geschichte: Ein Vater, der sein einziges Kind zu opfern bereit ist ... sein lang erwartetes, ersehntes Kind.

Warum wehrt sich Abraham nicht gegen diesen unsäglichen Auftrag? – Als es noch um Sodom und Gomorrah ging, fand er geschickte Worte und eine schon fast schelmische Strategien Gott von seinem Plan abzubringen: Immer weiter runter ist er gegangen mit der Zahl derjenigen, die zu retten sich lohnte. Bis er sicher sein konnte, dass seine Verwandtschaft aus diesem Katastrophengebiet fliehen durfte ... Doch jetzt, als es um seinen eigenen Sohn geht, fehlt – mir völlig unverständlich – jedes Aufbegehren, nicht einmal der leiseste Anflug von Zweifel lässt sich ausmachen. – Warum reagiert Abraham so gefühllos und gehorcht bedingungslos, ohne jedes Zögern? – Warum belügt er seine Knechte und sogar seinen eigenen Sohn, als es um den wahren Grund seiner Reise nach Morija geht? –

Was ist mit Sarah? – Eben noch hat sie um das Erbrecht ihres Sohnes gekämpft, ihre Magd mit dem kleinen Ismael, auch ein Kind Abrahams, in die Wüste geschickt und jetzt wird die Mutter noch nicht einmal erwähnt? – Wusste sie etwa von all dem nichts? – Sie, der sonst nichts verborgen blieb, die neugierig Gespräche ihres Mannes belauschte und sich dazu ihre eigenen Gedanken machte, soll dieses Mal ahnungslos gewesen sein? –

Im Zusammenhang mit dieser Geschichte ist oft vom Gehorsam des Glaubens die Rede ... Doch wenn wir sie darauf reduzieren, werden wir ihr nicht gerecht ... Der bekannte Filmemacher Woody Allen bringt es auf seine Weise auf den Punkt. In seiner Auslegung dieser Geschichte lässt er Gott und Abraham ein Gespräch führen. Am Ende sagt Abraham zu Gott: „Aber beweist das nicht, dass ich dich liebe, wenn ich willens war, meinen einzigen Sohn deiner Laune zum Geschenk zu machen? Und der Herr sprach: Das beweist, dass einige Menschen jedem Befehl folgen, ganz egal wie kreuzdämlich er ist, solange er von einer wohlklingenden Stimme kommt."

Ein Rabbi wird von einem seiner Schüler nach der Bedeutung dieser Geschichte gefragt, seine Antwort: „Hast du je darüber nachgedacht, warum Gott selbst zu Abraham spricht, wenn er den Befehl gibt, Isaak zu opfern, aber einen Engel sendet, um die Erlassung mitzuteilen? Gott hat sich über Abraham geärgert! Abraham hat die Prüfung nicht bestanden. Er ist durchgefallen! Als er Abraham befahl, Isaak zu opfern, wollte er Abrahams Weigerung. Er wollte nicht Ja, sondern Nein!" –

Am Ende greift Gott ein, schickt gerade noch rechtzeitig einen Engel und verhindert das Schlimmste ... Aus dem schon beinahe vollzogenen Tod entsteht Leben, das Leben eines ganzen Volkes.

Rembrandt hat die Geschichte von Isaaks Opferung immer wieder zu malen versucht, ... sich an ihr abgearbeitet ... In seinem letzten Bild aus dem Jahr 1655 verschmelzen der Engel, Abraham und Isaak beinahe zu einer einzigen Gestalt. – Die rechte Hand Abrahams – in Wirklichkeit der verlängerte Arm des Engels – schützt Isaak, während die linke das Messer führt.

So nahe beieinander liegen Leben und Tod in den Händen eines Menschen ... In Abrahams Händen, und in denen vieler anderer auch, da-mals wie zu allen anderen Zeiten.

Gehorsam bis zur Vernichtung ... Der Befehl zur Ausrottung ... und dann, zumindest für einen, oder auch mehrere, doch Bewahrung ... für Isaak ... für Abraham ... für Gott.

Gottes Sein ist im Werden ... er will keine Kinderopfer und keine Opferkinder, keine Menschenopfer und Opfermenschen.

Nicht alle Wege an die Abgründe des Lebens enden auf solch wunderbare Weise. – Wie oft müssen Menschen wissentlich, wenn auch nicht willentlich, schließlich das Liebste hergeben ... müssen loslassen, wovon sie sich eigentlich gar nicht trennen können.

Doch die Botschaft unserer Geschichte ist eben eine andere ... Und die können wir mitnehmen an diesem Tag ... In Gestalt des Engels, der mitten in der tiefsten Dunkelheit mit einem Mal da ist und Leben schenkt. – Amen.

Gebet

Gebe Gott, dass auch auf uns am Ende unserer schweren und
in Einsamkeit begangenen Wege ein Engel wartet ...
Wenn wir am Ende sind mit unserem Leben,
- mit unserer Kraft,
- mit unserem Glauben,
- mit unsrem Latein;
wenn wir nur noch schweigen können und fallen,
dann können wir das getrost tun.
Wir fallen nicht ins Leere, sondern Gott in die Arme.
– Amen

9. EIN STILLER TAG

3. April 2021 – Johannes 12, 24

Der Samstag zwischen Karfreitag und Ostersonntag ist ein seltsamer Tag. Ein Dazwischen-Tag ... Die Zeit steht still ... Ein „stiller Feiertag" ... Auch ohne Corona ist es ein ruhiger Tag.

Der Karsamstag ist für manche eine Zeit des Wartens auf den Ostermorgen ... Das Dramatische, das Aufwühlende ist mit der Kreuzigung Jesu schon passiert. Es gibt nichts zu sagen ... es sei denn, wir interessieren uns für das, was im Verborgenen passiert, für das, was im Unter-grund rumort.

Der Evangelist Johannes hat ein eindrucksvolles Bild für den ganzen Prozess von Ostern gefunden:

Johannes 12, 24: *„Wenn das Weizenkorn nicht in die Erde fällt und erstirbt, bleibt es allein; wenn es aber erstirbt, bringt es viel Frucht."*

Der Karsamstag ist der Tag, an dem das Weizenkorn unter der Erde ist. Es ist nicht mehr zu sehen ... Das Graben, Hacken und Schaufeln ist vorbei ... Das Loch ist „zugebuddelt" ... Der Bo-den ist wieder eben. Die Arbeiter verlassen das Feld und fahren mit ihrem Traktor davon ... und jetzt? – Jetzt müsste es doch eigentlich losgehen, das Wachsen und Gedeihen ... Doch erst einmal passiert - nichts. Zumindest nicht auf der Oberfläche. – Unter der Oberfläche geschieht ganz viel. Wir können das spüren, wenn wir selbst zur Ruhe kommen.

Es ist das „Loch", das sich auftut, ... Das Gefühl der Leere ... Ich denke an die vielen Momente, an denen ich das schon erlebt habe. Das große Fest ist gefeiert, die letzten Gäste haben das Haus verlassen. Ein letztes Mal winken. Der Motor geht an, das Auto fährt weg. Die Tür fällt ins Schloss ... Stille ... Oder: Die

Prüfung ist geschafft. So viel Arbeit ist an ihr Ende gekommen. Wie sehr habe ich mich nach dieser Zeit gesehnt, nicht mehr lernen, nichts mehr tun müssen. In meinem Kopf habe ich schon längst eine Liste geschrieben mit all den Dingen, die ich unternehmen möchte, wenn ich endlich wieder Zeit habe. Aber kaum ist der Zeitpunkt da, verlieren all diese Dinge auf einmal ihren Reiz...

Da ist Leere.

Jesus ist tot, der Stein vor das Grab gewälzt... Dunkel ... Die Jünger trotten niedergeschlagen in ihre Häuser und verriegeln Fenster und Türen ... Nichts geht mehr...

Über das, was sonst passiert, erzählt uns die Bibel so gut wie nichts über diesen Karsamstag. Den Tag der Grabesruhe. „Nun ist der Herr zur Ruh gebracht..." so endet auch die Matthäuspassion von Bach.

Es bleibt Stille.

In unserem Glaubensbekenntnis sprechen wir jeden Sonntag: „Hinabgestiegen in das Reich des Todes", das ist der Karsamstag.

Kann das ein Trost sein?

Gott ist auch da, wo die Toten, die vergessenen sind, die niemand beweint.

Gott ist auch da, wo die Verzweifelten sind, die Entehrten, die Gefolterten, die Vergewaltigten.

Gott ist auch da, wo es dunkel ist. Gott ist da, auch in den schwärzesten Stunden.

Kann das ein Trost sein?

Morgen, vielleicht ... Ja, morgen wird sich Maria von Magdala aufraffen. So wie sich viele Frauen und Männer wieder aufgerafft haben nach dem Schock eines Krieges, nach Flucht und Folter, nach grauenvollen Erlebnissen.

Morgen, ja da wird sich Maria wieder aufraffen, tun was eben getan werden muss: Einkaufen, Feuer machen, die Kinder anziehen, den Toten salben ... Morgen wird sie aufbrechen, und sie wird ein leeres Grab finden ... ein Engel wird sagen: *„Fürchte dich nicht"*.

Morgen ... nicht heute ... Heute ist Karsamstag, dieser seltsam schwebende Tag, ein Tag des Schweigens, der Fragen, der Ratlosigkeit.

Das Dunkel, die Stille, müssen wir aushalten, aber es wird wieder gut. – Amen.

Gebet

Gott, die Stille dieses Karsamstags ist eigenartig; die Stille auf den Straßen und Plätzen, auf den Autobahnen und am Himmel und bei vielen auch zuhause.

Schenke, dass aus Stille Ruhe wird, Ruhe in Dir und im Warten auf dein Tun.

Schenke, dass aus der Stille Hören wird, aufeinander und auf Dich.

Schenke, dass aus der Stille Kraft wächst, Kraft unseres Glaubens, Kraft unserer Liebe. –

Amen

10. HAGAR IN DER WÜSTE

17. April 2021 – 1. Mose 16,1-16

Wüsten können lebendfeindliche Orte sein. Möglicherweise habe ich einen weiten Blick, aber einen Ausweg kann ich nicht erkennen ... Auch Zeiten von Covid19 können wie Wüstenzeiten sein: Ich lebe, aber wie ich aus der Wüste herauskomme, ist nicht klar. – Ich möchte mit dir, mit Ihnen Hagar und ihren Sohn Ismael begleiten. Nachzulesen ist ihre Geschichte im 1. Mose im 16. Kapitel.

Für Sarai ist es furchtbar belastend, dass ihre Ehe mit Abram über Jahre weg kinderlos bleibt ... Am Ende löst sie ihr Problem so, wie es üblich ist zu ihrer Zeit: Sie nimmt ihre Sklavin Hagar und gibt sie Abram als Nebenfrau ... Als Hagar dann tatsächlich von Abram schwanger wird, stellt sich heraus, dass diese Lösung doch nicht so genial ist...

Zwischen den Frauen beginnt ein Spiel von Überlegenheit und Unterlegenheit und wie man einander die Macht spüren lässt.

„Ich habe was, was du nicht hast ... Ich kann etwas, was du nicht kannst."

Die beiden Frauen schaukeln sich gegenseitig hoch ... stolz und verletzlich zugleich.

Abram sieht's mit Unbehagen. Er lässt Hagar vorsichtshalber fallen und hält sich ansonsten raus ... So bekommt er am wenigsten Schwierigkeiten ... hofft er.

Als Hagar dann nur noch gedemütigt wird, flüchtet sie ... Sie flieht vor Sarai und davor, wie sie behandelt wird ... Sie flieht - und landet in der Wüste ... schutzlos ... völlig allein ... allem preisgegeben.

Die trostlose Umgebung in der Wüste passt da-zu, wie es in ihr aussieht.

Hagar in der Wüste ... Sie erlebt eine der härtesten Durststrecken ihres Lebens. Was soll werden? – Sie findet keine Antworten, keine Lösung. – Es geht ihr wie vielen Menschen auf der Flucht. –

Ob sie in all dem Gott gesucht hat? – Keine Ahnung ... Er aber findet sie ... Er, der Engel des Herrn, Gott selbst ... Er findet sie in der Wüste ... Er bleibt nicht außen vor, er ist da ... auch in der Wüste.

Er achtet Hagar, die ägyptische Sklavin, die stolze und verletzliche Frau, den Flüchtling ... Er hört den Stoßseufzer, der keine Worte mehr findet.

Gott ist dort, wo ich trostlos bin ... Wo ich restlos bedient bin, zu müde zum Jammern, zum Beten, zu allem...

Gott ist in der Wüste ... er ist nicht für sich dort, ... er sucht und findet den Menschen, der gerade zusammenklappt ... Er spricht Hagar an ...

Einen Auftrag gibt er ihr: zurückzukehren aus der Wüste, zurück in die Situation, aus der sie geflohen ist ... Das ist kein leichter Weg ... Aber es ist ein Weg, um nicht umzukommen, hier in der Wüste.

Ein Auftrag und eine Zukunftsperspektive.

Du hast nicht nur eine Vergangenheit.

Du hast auch eine Zukunft.

Du und dein Kind.

Ismael soll sie ihren Jungen nennen. Auf Deutsch: *„Gott hat erhört!"*

Dein zorniges Schreien, dein leiser Stoßseufzer: Die sind nicht irgendwo im Nichts verhallt ... Gott hat dich erhört.

Er wird dir und Ismael nicht jeden Stein aus dem Weg räumen ... Beileibe nicht. Aber er ist jetzt bei dir in der Wüste ... und er wird sich auch künftig nie von euch abwenden. Das ist ein Segen ... Sein Segen. Der wird dich begleiten auf deinem Weg.

Sie erlebt, was das für ein Gott ist. *„Du bist ein Gott, der mich sieht"* ... So erlebe ich dich ... Das will ich mitnehmen auf meinen Weg.

„Du bist ein Gott, der mich sieht".

Der äußere Rahmen hat sich für Hagar dadurch nicht grundlegend geändert ... Sie ist zurück zu Sarai ... Die Beziehung zwischen den beiden Frauen ist weiterhin kompliziert geblieben ... Erst recht als Ismael geboren war und besonders, als Sarai selbst dann noch einen eigenen Sohn bekommen hat ... und dann Sarah genannt werden soll und Abram Abraham...

Hagar hatte etwas erlebt, was sie nicht mehr aus ihrem in Kopf und aus ihrem Herz rausbekommen hat. „Da ist ein Gott, der mich sieht. Was für ein Segen!"

Das hat sie berührt ... das hat ihr Kraft gegeben weiterzugehen. – Womöglich stärkt uns dieser Gedanke auch, wenn wir überlegen, wann wir geimpft werden, wie wir durch die Pandemie kommen, wie wir ein Stück alter Normalität zu-rückgewinnen.

Da ist *„ein Gott, der mich sieht"* ... Selbst wenn ich in der Wüste bin ... Bei ihm kann ich Kraft schöpfen, und Hoffnung, und den Mut weiterzugehen ... Denn morgen und übermorgen wird er auch da sein ... Er, der mich sieht. – Amen.

Gebet

Gott sieht jede Einzelne.

Er ist der Gott, der uns sieht ... In Trauer und Schmerz, im Leid,

aber auch in erfolgreichen Zeiten ist er bei uns.

Ihm sind wir nie verborgen.

Gott sieht und

beachtet uns.

Amen

11. EINE KLEINE WEILE

24. April 2021 – Johannes 16,16-23a

Wie lange dauert das alles noch(?), fragen sich Menschen im Angesicht der Pandemie und der Einschränkungen ... Die Pandemie verwirrt und zwingt uns, unsere alltäglichen Vollzüge immer wieder auf die Probe zu stellen: Gefährde ich durch mein Verhalten andere oder mich selbst? - Welche Begegnungen sind wie möglich und wen darf ich berühren? –

Im Evangelium nach Johannes wird im 16. Kapitel von den Jüngern berichtet: sie ahnen, dass etwas geschieht, was sie nicht verstehen können ... unruhig rücken sie dichter zusammen, tuscheln miteinander: - Was ist los mit ihm? - Was meint er? ... Jesus redet schon eine ganze Weile mit ihnen über Dinge, die ihnen unbegreiflich erscheinen ... die sie nicht hören wollen. *„Euer Herz erschrecke nicht!"* (Joh 14,1) – *„Ich will euch nicht als Waisen zurücklassen."* (Joh 14,8) – *„Der Tröster, ..., den mein Vater senden wird in meinem Namen, ..."* (Joh 14,26) Jesus lässt nicht nach; mit verschlüsselten Worten bringt er sein Anliegen auf den Punkt: *„Noch eine kleine Weile, dann werdet ihr mich nicht mehr sehen; und abermals eine kleine Weile, dann werdet ihr mich sehen."*

„Noch eine kleine Weile" – inhaltlich ist das keine klare Aussage ... trotzdem: das Trostwort hilft, ich merke, ich bin angesprochen, ich habe das Gefühl, der andere versteht meine Traurigkeit. – *„Noch eine kleine Weile"*, aber wie halten wir sie aus?

Angst vor dem Alleinsein, Traurigkeit über eine Trennung ... einfach beiseitezuschieben, bringt nichts und hilft nicht weiter ... Angst und Traurigkeit haben ihre Gültigkeit und Berechtigung ... Sie müssen zur Kenntnis genommen werden, wirklich wahr- und ernstgenommen ... Diese bedrückenden Gefühle in der Seele wollen zu Wort kommen ... Trauer ist Arbeit, muss durch- und erlebt werden, beweint und beklagt sein dürfen ... Trauer und Traurigkeit braucht Zeit.

„Noch eine kleine Weile" oder noch eine ‚kurze Zeit' ... Der dänischen Dichter Benny Andersen beschreibt die gedrängte Zeit. Hier geht es da-rum, in so kurzer Zeit so viel wie möglich zu erreichen:

Es ist an der Zeit

das Wasser kocht

die Erde brennt

die Welt wartet

als Alexander so alt war wie Caesar

war er schon der Große

als Caesar in meinem Alter war

war er schon am Ziel

sie vertaten keine Zeit

die Zeit vertat sie nicht

sie gingen mit der Zeit um wie mit einem Hemd

schliefen mit ihm

aßen mit ihm

wurden in ihm begraben

und hier sitze ich

halte die Zeitung

halte Weihnachten

halte mich zurück

lass mir die Taten an der Nase vorbei gehen

hoffnungslos im Rückstand mit Entdeckungen

die Welt wartet nicht

als Mozart fünf Jahre alt war

als Jesus zwölf war

als Kolumbus den Anker lichtete

als Homer

als Rembrandt

als Pasteur

als Darwin

als Dalgas

da Vinci

da Gama

Damokles

es ist höchste Zeit

es ist längst an der Zeit

mein Hut

mein Mantel

meine Hosenklammern

es ist Jetzt oder Nie.

Wie intensiv, wie dicht kann das werden? – Wir kommen ganz außer Atem, allein beim Lesen des Gedichts ... Was muss nicht alles erreicht werden, um mitzuhalten, - was muss nicht alles werden, ... und all die Worte, die wir zur Ver-fügung haben müssen ... Das Gedicht ist ein Bild für unsere Art zu denken und zu handeln. – Auch sie vollzieht sich in einem Tempo, das uns auslaugt ... Wir leben in einer gedrängten Zeit ... Die häufigste Ausrede ist inzwischen die Erklärung: Ich habe keine Zeit ... Wir sagen damit: wir haben keine Zeit, weil wir etwas anderes zu tun haben ... und wir sagen: dass nicht wir es sind, die die Zeit haben, ... die Zeit, sie hat uns.

Dagegen steht die die kurze Zeit ... Sie ist ein christliches und biblisches Phänomen ... eine Zeit, die bestimmt ist als Zeit voller Erwartung ... Sie ist religiöse Zeit, ... das religiöse Wort für diese Zeit heißt Hoffnung ... Zu hoffen und zu leben unter dem Vorzeichen der kurzen Zeit ... also mit Vorfreude darauf zu warten, dass die Stunde kommt, in der alles neu werden wird.

„Eine kleine Weile noch, dann werdet ihr mich nicht mehr sehen ... Abermals eine kleine Weile, dann werdet ihr mich sehen und ich gehe zum Vater."

Manchmal durchleben wir schwere Zeiten: Die letzten Wochen einer schwierigen Pflege sind manchmal kaum zum Aushalten ... Die Schmerzen einer chronischen Krankheit rauben den letzten Nerv, manchmal ist keine Besserung in Sicht ... Manchmal kostet uns das Ganze mehr Kraft als wir haben ... Das Leben ist nicht harmlos...

„Noch eine kleine Weile" ... dann strahlen sie wieder, die guten Erlebnisse, das positive Überrascht-Werden von Freude ... Wir machen solche Erfahrungen immer wieder ... Gott sei Dank ... in der Zeit dazwischen ist Alltag, der gelebt werden will ... in der Spanne zwischen Jubel und Mühsal ... Auch die *„kleine Weile"* unseres ganzen Lebensalltages bis hin zur großen Auferstehungsfreude will ausgehalten werden ... Nicht im Sinne von „Augen-zu-und-durch", aber aktiv, zupackend ... An den Höhen und Niederungen auf dem eigenen Lebensweg kann sich niemand vorbeischummeln; wir machen alle unsere Lebenserfahrungen ... Die schweren Steine, die das Vorankommen behindern, müssen eigenhändig angepackt und weggeräumt werden ... um das zu schaffen, brauchen wir Kraft und Ermutigung. Nicht erst als Versprechen einer besseren Zukunft, sondern schon jetzt mittendrin in diesem Leben, wie einen zuverlässigen Wechsel zwischen Phasen der Anstrengung und Erholungspausen ... *„Eine kleine Weile"* gute Zeit, ein Lichtblick, der hineinstrahlt in das, was sonst noch dunkel und schwer erscheint.

Christen dürfen gelassen sein, Vertrauen haben, ... ich wünsche Ihnen und dir einen freien Blick auf das Leben wie es ist. Darin sind wir getragen. – Amen.

Ich bete mit Worten von Hanns Dieter Hüsch:
Ich bin vergnügt
erlöst
befreit
Gott nahm in seine Hände
Meine Zeit
Mein Fühlen Denken
Hören Sagen
Mein Triumphieren
Und Verzagen
Das Elend
Und die Zärtlichkeit
– Amen.

12. SINGEN GEGEN DIE ANGST

4. Mai 2021 – Apostelgeschichte 16,23-34

„Labuster, Labuster, / im Keller ist es duster, / da wohnt ein armer Schuster. / Er hat kein Licht. Er hat kein Licht. / Er kennt die liebe Sonne nicht", so heißt es in einem alten Kinderlied ... Singen vertreibt die Angst, - wenn Kinder in den Keller gehen, singen sie.

Dunkle, unheimliche Keller gibt es kaum noch bei uns ... Es sind eher andere Dinge, die es für uns dunkel werden lassen: Corona, Depression ... weltweit gibt es viele Angsträume: Gefängnisse und Folterkeller, in denen die Seelen der Menschen zerbrochen werden...

Manchen Angsträumen können wir nicht ansehen, dass sie welche sind. - Die Schule kann dazu werden, auch das Internet. - Auf manche Straßen trauen sich Frauen, unabhängig von einer möglichen Ausgangssperre, abends nicht. - In manchen Städten können ganze Stadtviertel tabu sein für Leute mit einer Hautfarbe oder Gesinnung, die andere als unpassend betrachten ... Selbst das Zuhause kann zerbrechen, - bietet nicht Geborgenheit und Sicherheit, ... ist ein Ort für Bedrohung und Streit: Die eigene Wohnung ist der gefährlichste Ort für Frauen und Kinder. – Singen gegen die Angst ... hilft das? –

Im 16. Kapitel der Apostelgeschichte wird erzählt, wie Paulus und Silas, zusammengeschlagen, gefoltert, angekettet, Gott zu loben beginnen ... es ist eine Geschichte aus dem Schatzkästlein der frühen Christenheit, die uns erzählt, dass der Glaube Türen in die Freiheit finden kann.

Die Geschichte spielt in Griechenland, in Philippi. Die erste Stadt Europas, in die Paulus mit seinem Gefährten Silas das

Evangelium bringt ... Mühsam ist aller Anfang ... Paulus und Silas landen im Gefängnis ... dann kommt die Nacht. –

Das Fluchen, Jammern, Rufen, das Sich-Empören der anderen Gefangenen ... zuerst übertönt es alles; dann wird es leise und leiser ... In manchen Zellen ist nach und nach der Atem der Schlafenden zu hören ... Auch dem Kerkermeister sind längst die Augenlider schwer geworden, als etwas Ungewohntes und doch ganz Selbstverständliches geschieht: da heben sich um Mitternacht aus dem Hochsicherheitstrakt leise Gebete und Gesänge in den Himmel...

Vielleicht haben Silas und Paulus in ihrer jüdischen Tradition das Maariv, das Nachtgebet, gesprochen und gesungen: Psalmen und Lesungen aus der Bibel, die jeder Fromme kennt ... geistliche Übungen ... beten, das geht auch in Ketten:

Singen lässt sich lernen ... auch beten lässt sich lernen ... Der Glaube ist auch eine Sache der Übung ... Was die Gefangenen und schließlich auch den Gefängnisaufseher in Philippi in dieser Nacht aufweckt, das ist kein Wut- und Wehgeschrei, kein Klage- und Jammerlied ... Das ist Abendliturgie ... Paulus und Silas, zwei Reisende in Ketten, die ihren Glauben leben mitten in Unfreiheit und Not.

Ein Lied hinter Gefängnismauern, das ist ein Hoffnungszeichen, ein Zeichen dafür, dass Menschen sich nicht brechen lassen. Es ist ein Hoffnungszeichen für alle anderen ... Gut, wer in solcher Situation ein Lied weiß. Es kann den Schreck in Worte fassen, kann Trübsal vertreiben und ein Schutzmantel sein vor Hoffnungslosigkeit ... Ein Lied kann mutig machen, widerspenstig, kann den Unterdrückern eine Nase drehen ... Eine Melodie, frech dahin-gepfiffen, kann den Gleichschritt von marschierenden Stiefeln durcheinander und eine ganze Armee ins Stolpern bringen ... Eine Strophe zur rechten Zeit kann die Massen aus Lethargie wecken, das Volk wie ein Sturmwind aufwirbeln, zum Signal für Veränderung werden.

„Wo man singt, da lass dich ruhig nieder, böse Menschen haben keine Lieder", heißt es, in Anlehnung an Johann Gottfried Seume (1804). – Stimmt das? – Auch die Nazis hatten Lieder und haben dafür gesorgt, dass sich mit den Melodien die Worte in den Köpfen festsetzten und bis zum Lebensende aufgerufen werden konnten. - Diktatoren aller Zeiten haben Jubellieder und -sänger bestellt. - Soldaten stürzten sich mit Marschgesängen ins Gemetzel ... bis heute verbreiten Rapper Schwulen- und Frauenfeindlichkeit, - Fußballchöre machen die gegnerische Mannschaft nieder ... Lieder sprechen unsere Gefühle an und rühren tiefere Schichten in uns an, deshalb sind sie so wirkungsvoll und auch gefährlich ... Mit der Musik verbinden sich die Worte und ihre Botschaft.

Welche Lieder stecken in uns? –

Von Dietrich Bonhoeffer wird erzählt, wie er sich im Gefängnis unter den Nazis mit Gesangbuchliedern und Bibelversen beschäftigt hat. Er konnte sie auswendig ... sie waren sein Schatz. – Die Bibel berichtet, womit Maria ihr ungeborenes Kind in den Schlaf wiegte, als sie schwanger war: ein aufrührerisches, trotziges Lied von ihrer Hoffnung, dass nichts bleiben muss, wie es ist. - Maria singt davon, wie bei Gott die Mächtigen vom Thron gestürzt und die Hungernden satt werden, sie singt von einer neuen, einer anderen Welt, in der die Armen auf dem Thron sitzen und Gerechtigkeit regiert...

In dem Abendgebet im Gefängnis von Philippi ... im leisen Gesang in Lob und Fürbitte, im Hinausgreifen in die Weite des Himmels ... in dieser Nacht löst es ein Erdbeben aus.

Jede Hinwendung zu Gott ist ein Schritt zur Überwindung von Angst und eine Bekräftigung von Vertrauen ... Jede Hinwendung zu Gott ist ein Blick hinaus über den eigenen Horizont ... Menschen fassen sich ein Herz ... Jedes so gesungene Lied schenkt Hoffnung und Mut zur Veränderung.

Erdbeben in der Bibel sind beides: Naturereignisse und Seelenerschütterungen ... Die Vorzeichen verändern sich: Paulus und Silas sind noch dort, wo sie waren; aber nicht mehr als Gefangene, ... sie sind im Gefängnis, aber innerlich frei ... und so holt sie der Kerkermeister in sein Haus und an seinen Tisch.

Singen gegen die Dunkelheit, hilft das bei uns? – Ja, sicher ... Das Virus lässt sich nicht wegsingen und auch nicht eine Depression oder andere Dunkelheit, ... aber mit einem mutigen Lied, trotzen wir der Dunkelheit und bekommen Hoffnung und Mut zur Veränderung ... Wer singt kann in aller Not, in aller Gefahr, in aller Angst, die Menschen gefangen halten kann, seine Wunder erleben. – Amen.

Ich bete: (nach EG -KW- 584)
Unsere Grenzen – vor dir, Gott.
Wandle sie in Weite.
Unsere Ohnmacht - vor dir, Gott.
Wandle sie in Stärke.
Unsere Angst - vor dir, Gott.
Wandle sie in Wärme.
Unsere Verlorenheit – vor dir, Gott.
Wandle sie in Heimat.
– Amen.

13. AM ENDE WERDEN WIR LACHEN

20. Mai 2021 – Römer 8,26-30

Wissen wir, was wir beten sollen,(?) wie es sich gehört? ... Paulus schreibt an die Gemeinde in Rom und behauptet im 8. Kapitel: *„Denn wir wissen nicht, was wir beten sollen, wie sich's gebührt...“* –

In einer der vielen Anekdoten aus Israel wird von der Erhörung des Gebets erzählt: ein Einwanderer betritt zum ersten Mal israelischen Boden und murmelt dann vor sich hin: „Lieber Gott, nun haben wir vergeblich zweitausend Jahre um Rückkehr ins gelobte Land gebetet - und ausgerechnet mich muss es treffen!“ –

„Ausgerechnet mich muss es treffen!“ – Wissen wir, was wir beten sollen, wie es sich gehört? –

Jeder Mensch strebt zum Gebet, behauptet die russische Dichterin Zinaida Gippius ... Vielleicht hat sie damit Recht: Jedes unserer Worte, das in die Weite geht, ... jedes Sehnen in die Zukunft, ... jede Ausschau nach Veränderung, nach Klärung, nach Schutz, nach Hilfe, ... ist wie ein Gebet.

Trotzdem ist all unser Beten auch ein Stammeln nach Dingen, von denen wir selbst nicht wissen, ob Sie uns guttun oder nicht ... Wir rufen nach Wohlstand, nach Glück ... aber wissen wir, ob uns diese Dinge wirklich reich und glücklich machen ... oder vielleicht sogar dumm und stumpf?

Beten ist schwierig und manchmal macht uns der Versuch sprachlos ... das ist unser Thema ... Wir wissen nicht, was wir beten sollen ... Diese Erfahrung spricht Paulus als Bekenntnis aus: *„Wir wissen nicht, was wir beten sollen“* ... Das könnte ein Bekenntnis des 21. Jahrhunderts sein.

Manche verharren im Selbstgespräch, wie es der Schriftsteller Wilhelm Genazino beschreibt: Das Schmerzliche ist, dass mir mein Leben so bekannt vorkommt und deswegen auch recht verschlissen erscheint. Ich kann eigentlich nur noch arbeiten, abends etwas fernsehen, dann, wenn es gut geht, einigermaßen schlafen. Und trinken? Gott sei Dank hält sich das bis jetzt in Maßen. Ich kann nicht einmal sagen, was sich ändern müsste, damit ich mich wohl fühle. Mein Leben ist unzureichend; aber ich weiß nicht, was sich ändern soll. Gern möchte ich alles hinter mir lassen. Aber natürlich entferne ich mich nicht einen Zentimeter von den gewohnten Abläufen. Mein Leben geht einfach weiter. Aber es lohnt sich nicht, darüber zu reden ... Wie geht es Ihnen? Nicht der Rede wert. Wir wissen nicht, was wir beten sollen. –

Was überwindet unsere Sprachlosigkeit? – Die Antwort des Paulus ist von großartiger Klarheit: *„Wir wissen, dass denen, die Gott lieben, alle Dinge zum Besten dienen.“*

Eine feste Gewissheit wird da ausgesprochen ... von einem Wissen ist die Rede ... ein Wissen, das inmitten aller Unübersichtlichkeit und aller Unsicherheit Bestand hat ... Auch was wir als schwierig erleben, soll sich zum Guten wenden ... so klingt diese Gewissheit.

Dabei setzt Paulus sich nicht über schmerzliche Erfahrungen, Widerstände und Anfechtungen hinweg ... Das achte Kapitel des Römerbriefs ist ein hohes Lied der Hoffnung ... eine Hoffnung, die aus dem Leiden wächst ... Paulus preist das Wissen, dass Gott alle Dinge zum Besten wendet ... dieses Wissen wird in die Ungewissheit hin-eingesprochen ... Ausdrücklich ist die Rede vom Leiden dieser Zeit, vom ängstlichen Harren der Kreatur, vom unsicheren Sehnen der Glauben-den ... So groß ist die Unsicherheit, dass dem Apostel der Satz entfährt: *„Wir wissen nicht, was wir beten sollen."*

Dieser Unsicherheit tritt ein unbeirrtes „Wir wissen" entgegen ... Die Grundkonstante unseres Lebens besteht nicht in unseren vermeintlich unangreifbaren Stärken ... Es handelt sich aber auch nicht um eine einmalige und ausnahmsweise genehmigte Schwäche. – Gott schenkt uns unsere Stärken ... und steht uns in unseren Schwächen bei.

Wie oft erleben wir unsere Grenzen, entdecken unsere Sprachlosigkeit ... Für Gott ist auch diese Sprachlosigkeit ein beredetes, inhaltsreiches Schweigen, ... weil er, so schreibt Paulus, die Herzen erforscht und den Sinn des Geistes er-spürt ... Das ist ein Trost, in dem mich bergen kann.

Für Sprachgewaltige mag Sprachlosigkeit kaum auszuhalten sein ... Aber vor Gott gibt es für uns alle Augenblicke, wo wir sprachlos beieinander-stehen und dann doch verstanden werden: Das Entsetzen über die Raketen, die brutale Gewalt in Israel / Palästina; der Amoklauf an einer Schule in Kasan, ... jeder Tod kann uns sprachlos machen.

In solchen Augenblicken können wir die Worte unserer Vorfahren ausborgen ... und mit dem Gebetsbuch der Bibel für alle Lebenslagen beten und gewiss sein, dass in unsere Sprachlosigkeit hinein Gott jeden Gedanken versteht ... sein Geist vertritt uns, ... bringt unser Seufzen Gott zu Gehör und hat ein Echo, ... selbst wenn mir der Ruf im Hals stecken bleibt.

Unsere Geschichte ist seit unserer Taufe in der Geschichte des Christus aufgegangen ... Sie gehört in die Geschichte Gottes ... Diese Geschichte geht gut aus... Am Ende werden wir lachen ... Gott will es so ... Weißt du / wissen Sie warum? ... lachende Menschen sehen einfach besser aus. – Amen.

Ich bete mit Worten von Hanns Dieter Hüsch:
Es kommt ein Geist in meinen Sinn,
will mich durchs Leben tragen.
Was macht, dass ich so unbeschwert
und mich kein Trübsinn hält?
Weil mich mein Gott das Lachen lehrt
wohl über alle Welt.
– Amen.

14. GESEGNETES LEBEN

29. Mai 2021 – 4. Mose 6,22-27

Gesegnetes Leben ... das weckt unsere Sehnsucht nach: Wohlergehen, nach Unzerbrechlichkeit, nach Erfüllung unserer Träume, stark zu sein, dem Leben gewachsen zu sein ... erfüllt sein von allem, was wir uns zu tun vorgenommen haben und einen Lebensweg zu gehen, von dem wir dankbar sagen können: das ist ein gesegnetes, ein von Gott gesegnetes Leben.

Es gibt Zwischentönen unserer Sehnsucht: nach Lebendigkeit und Heiterkeit, nach Sorglosigkeit und Gesundheit, nach dem Gefühl, ein sinnerfülltes Leben zu leben, nach Liebe und Wärme; ... Freunde, in deren Gegenwart wir uns geborgen wissen, ... Frieden unter allen Völkern dieser Erde, und mitten in all dem, was uns wohltuend umgibt, mitten darin die Kraft weiterzugeben, selber Segen sein für andere.

Anderes gibt es auch, ... da wird es uns schwer, vom Segen zu sprechen: wenn sich unsere Träume immer weiter von dem entfernen, was das Leben bereithält, ... wenn der ersehnte Weg nicht gradlinig verläuft, weil Krankheit sich einmischt und lebensbedrohende Sorgen, ... wenn Depressionen den Himmel verdüstern oder Trauer den Schritt anhält, ... wenn wir in all unseren Hoffnungen spüren, dass wir manches Mal sehr klein sind und zerbrechlich ... da wird es schwerer, auch dann an Segen zu denken.

Segen, ... gesegnet sein – das rührt an unsere tiefsten Empfindungen und Wünsche ... das rührt an das Leben selbst. – Ich vermute, jede und jeder möchte sich vergewissern, dass unser Leben umhüllt ist von der Kraft und Gegenwart Gottes ... es ist eine alte und reiche Erfahrung des Glaubens, wenn wir in schweren Stunden das Angesicht Gottes leuchtend wahrnehmen, wenn wir spüren, dass unser Leben auch dann geborgen ist, wenn wir uns kaum aufrichten können.

„Der Herr segne dich und behüte dich.“ Am Anfang steht diese große Erfahrung Israels, dass Gott mitgeht ... Er überließ sein Volk nicht der Willkür der ägyptischen Siegermächte, nicht den lebensfeindlichen Kräften der Wüste ... und Gott überlässt Israel auch nicht sich selbst.

Immer wieder erfahren Menschen, dass Gott mitgeht: Abraham folgt dem Ruf Gottes und hört Gottes Zusage: *„Ich will dich segnen und du sollst ein Segen sein“* ... der Segen Gottes will geteilt sein ... Menschen können für andere zum Segen werden, - so bleiben sie nicht für sich allein ... der Segen ist kein Privateigentum.

Jakob allerdings muss um den Segen kämpfen, nachdem er sich den Erstgeburtssegen seines Bruders und den väterlichen Segen mit einem Linsengericht erschlichen hatte ... Jahre später ... bei der Überquerung des Flusses Jabbok, in der Nacht bevor er mit seinem Bruder Esau zusammentrifft, gerät er mit einer unbekannten Gestalt ins Gehege. Er ringt mit dieser ... Ist es ein Flussdämon, ein Engel, sein schlechtes Gewissen, Gott selbst? – Im Zwielicht der Morgendämmerung bleibt das undeutlich ... gegen Ende des Zweikampfes fordert Jakob: *„Ich lasse dich nicht, du segnest mich denn.“* ... Aus dem Kampf geht er als Sieger hervor, allerdings nicht unbeschadet: er hinkt ... Er wird auch danach Gott immer nur hinterherhinken müssen ... auch das beschädigte Leben bleibt eine Gnade. *„Der Herr lasse sein Angesicht leuchten über dir.“*

Segen ist kein magischer Schutz vor Unglück und Leid ... auch gesegnete Menschen erleben Krankheit, Leid, Schmerz und Tod ... Trotzdem: Das gerade das verletzbare, gefährdete Leben von Gott in Schutz genommen wird, wird für mich daran deutlich, dass Jesus Kinder segnet: *„Gott segne dich und behüte dich"* ... Kinder sind besonders schutzbedürftig ... Für sie nimmt Gott in Jesus Partei, und stellt sie in die Mitte seiner Jünger, in die Mitte seiner Gemeinde: Kinder wachsen, brauchen Liebe und Geborgenheit, dass sich ihre Kräfte entfalten. – Der Segen Gottes ist die Kraft, die den inneren Weg als Christin und als Christ fördert: Wir dürfen wachsen; unser Glaube darf sich entfalten, ... gleich wie brüchig, verletzbar und verwundet er sein mag ... auch das dürfen wir Gott anvertrauen. – Der Inhalt des Segens ist die Nähe Gottes.

Segen bleibt etwas Geheimnisvolles, das sich nicht auflösen lässt, so wie Gott, der sich uns im Segen zur Seite stellt, selbst geheimnisvoll bleibt ... Das Geheimnis des Segens ist das Geheimnis Gottes. – Es sind Worte aus einer anderen Welt, die aus menschlichem Munde kommen...

„Gott erhebe sein Angesicht auf dich und gebe dir Frieden." – Durch unser Angesicht können wir miteinander reden: Durch unseren Blick treten wir miteinander in Kontakt...

Segen bedeutet, dass Gott uns ansieht und annimmt, er zeigt uns Gemeinschaft mit ihm und untereinander ... Solche Gemeinschaft bedeutet Frieden - in umfassendem Sinn ... Das bringt das hebräische Wort „Shalom" zum Ausdruck. Schalom bedeutet Frieden in allen Lebensbereichen und Beziehungen, Heilung und Heil ... Schalom ist Frieden mit Gott, mit den Menschen, mit der ganzen Schöpfung, mit der Welt und auch mit mir selbst ... Dadurch wird unser Verhältnis zu Gott, zueinander und zur gesamten Schöpfung und auch zu uns selbst neu und heil ... Der gesamte Inhalt des Segens Gottes ist in diesem Begriff, Schalom, enthalten und ausgedrückt.

Gott tritt uns nahe ... schenkt uns neues Leben. Er lässt uns aufatmen und gibt uns wie Jakob einen neuen Namen: Du sollst Israel, d.h. „Gottesstreiter", heißen; du sollst ein frisches Quellwasser werden, ... nicht eine Pfütze, die verdampft.

Der Segen macht jeden von uns zu einem „Boten des Lebens" gegen Hoffnungslosigkeit...

So erkenne ich: Mein Leben ist ein Geschenk ... das Gute, was mir gehört ... was ich erfahre, kann ich genießen und würdigen; - wenn mein Herz schwingungsfähig ist und ich aus vollem Herzen sagen kann: „Gott, ich danke Dir"; - wenn ich auch in schweren Momenten weiß, dass ich mein Leben ... mich ... Gott verdanke ... Ich wünsche dir und Ihnen, dass du, dass Sie das erfahren. – Amen.

Angelehnt an Hanns Dieter Hüsch bete ich:
Ich freue mich,
dass es dich gibt.
Gute Worte sollen dich begleiten
und vernünftige Gedanken dich beraten.
Musik soll dich erfüllen,
neue Lieder dich beflügeln.
Der Himmel halte seine Hände über dir
und der Wind möge deine Haut streicheln.
Denn Gott schaut vom Himmel herab
und sieht dich, sein Menschenkind.
Er achtet auf deine Wege
und lenkt dein Herz.
Er soll dich beschützen
denn, der dich behütet, schläft und schlummert nicht.
– Amen.

13. Juni 2021 – 1. Korinther 14,1

„Mir fällt das Wort dafür gerade nicht ein", sagt der, der erzählen will, was ihm am Tag zuvor Erstaunliches geschehen ist … nun kommt er ins Stottern … So sehr er auch in seinem Gedächtnis kramt und ihm sein Gesprächspartner dabei hilft, das richtige Wort will ihm nicht einfallen. – Wer ein Gespräch führt, der braucht richtige und angemessene Worte … wenn sie ihm nicht einfallen, kippt das Gespräch ins Leere, ins Inhaltslose um.

Wem die Sprache fehlt, der sieht die bunte Welt und die unterschiedlichen Menschen wie durch einen grauen Nebelschleier … Er erkennt nur verschwommen, was in der Welt geschieht, … kann nicht richtig einschätzen, was gleich passieren wird … Wem die Sprache fehlt, der stolpert wie ein Blinder in der Wirklichkeit herum: Er kann Dingen und Gefühlen, Personen und Stimmungen keine Worte geben und keine Namen zuordnen.

Das erleben wir auch bei Kindern: Je mehr sich die Fähigkeit zu sprechen entwickelt und erweitert, desto besser findet es sich in der Welt zurecht. – Wer mehr Wörter hat und die Fähigkeit verbessert, zusammenhängende Sätze zu bilden, erweitert damit auch seine Welt. „Die Grenzen meiner Sprache bedeuten die Grenzen meiner Welt", sagte der Philosoph Ludwig Wittgenstein … Je mehr sprachliche Möglichkeiten ich mir aneigne, desto mehr erweitere ich den Horizont meiner Welt- und Menschenerfahrung.

Jeder kann sich über eine blühende Rose, über ihre farbige Blütenpracht freuen … aber wer mit Sprache umzugehen versteht, der kann von dieser Rose erzählen, kann die Erfahrung von Schönheit und Staunen mit seinen Freunden und Gesprächspartnern teilen.

Wer mit Sprache umzugehen versteht, der sieht nicht nur einen beliebigen Menschen, der an ihm vorübergeht. Er erkennt seinen Freund oder Nachbarn, kann ihn mit seinem Namen ansprechen, ihn begrüßen, ein Gespräch mit ihm führen ... Wer mit Sprache umzugehen versteht, der kann den Kranken und den Traurigen trösten, den Gelangweilten aufmuntern und der Freundin, der Partnerin sagen: „ich liebe dich." –

Trotzdem: Sprache ist nicht nur eine unerschöpfliche Quelle des Staunens, sie kann auch hart und scharf zuschlagen, so beschreibt es Hasnain Kazim in seinem Buch „Post von Karlheinz" ... Sprache kann beleidigen, demütigen, kränken, ... sogar töten, auch dafür haben die Menschen Worte erfunden.

Sprache ist für den Menschen, der sich in der Welt zurechtfinden will, ein vielfältiges und zweischneidiges Instrument, um zu ordnen oder zu zerstören, ... um zu staunen oder zu verletzen, ... um zu beschreiben oder zu vernebeln.

Sprache beschreibt und bezeichnet, sie hält Namen und Begriffe für Menschen, Dinge, Verhält-nisse und Erfahrungen bereit ... Sprache klärt auch auf: Was ich sagen kann, das habe ich auch verstanden. – Sprache hilft dem Menschen, sich in der Welt zurechtzufinden. Mit Hilfe der Sprache erkunden wir das Geheimnis der Welt ... Was wir verstanden haben und benennen können, das ist aufgeklärt, ausgeleuchtet...

Aber auch darin liegt eine Gefahr. „Sprache ist wie ein Meißel", sagt der Schriftsteller Max Frisch. „Wie der Bildhauer, wenn er den Meißel führt, arbeitet die Sprache, indem sie die Leere, das Sagbare, vortreibt gegen das Geheimnis, gegen das Lebendige. Immer besteht die Gefahr, dass man das Geheimnis zerschlägt." ... Frisch spricht auch von der anderen Gefahr, dass die Worte nicht so weit vorangetrieben werden, dass sie an das Geheimnis der Welt heranreichen.

Das kleine Kind, das anfängt zu sprechen, macht sich auf die Suche ... Es sucht nach dem Sinn und Geheimnis seines Lebens ... Die Sprache kann helfen, das Geheimnis aufzudecken ... Manche zerstören das Geheimnis, indem sie alles aussprechen wollen ... Andere bleiben in ihrer banalen Sprache weit vor dem Bereich stecken, in dem das Geheimnis verborgen sein könnte. –

Sprache lehrt uns, vorsichtig mit den Wörtern umzugehen ... Der Friedensnobelpreisträger Elie Wiesel zitiert aus einer rabbinischen Geschichte, in der Rabbi Jischmael sagt: „[S]ei sehr vorsichtig mit Wörtern. Wenn du einen einzigen Buchstaben weglässt oder hinzufügst, wird die ganze Welt zerstört."

Dieser Zusammenhang zwischen Geheimnis und Wörtern führt in die griechische Stadt Korinth und ihre zerstrittene christliche Gemeinde im ersten Jahrhundert nach Christus ... Paulus ermutigt zum prophetischen Reden. Er schreibt im 1. Korintherbrief im 14. Kapitel: *„Bleibt unbeirrt auf dem Weg der Liebe! Strebt nach den Gaben, die der Heilige Geist schenkt – vor allem aber danach, als Prophet zu reden."*

Prophetisches Reden ist, so verstehe ich Paulus, auf Gott bezogen und auf die Verständigung unter Menschen ausgerichtet ... Das prophetische Reden soll ermahnen, erbauen und trösten ... prophetisches Reden ist keine Voraussage über die Zukunft ... für die Propheten des Alten Testaments, für Paulus, für die Korinther und auch für uns ist Prophetie die Suche nach Gott in der Gegenwart.

Paulus ermuntert: *„Bleibt unbeirrt auf dem Weg der Liebe."*

Geht ihn weiter, ihr Christen und Christinnen.

Mit euren vielen Stimmen und den vielen Weisen zu leben.

Geht den Weg nicht für euch allein, sondern zusammen mit allen, die lieben.

Geht ihn mit den Muslimen und den Jüdinnen, den Atheistinnen und den Frommen.

Die Liebe hört an den Kirchenmauern nicht auf.

Sie gehört hinein in die Welt.

In die Flüchtlingsheime und in das Rathaus.

Ans Krankenbett und ins Nagelstudio.

Sprecht Worte, die verbinden.

Öffnet euer Herz für die, die anders sind als ihr. – Amen.

Lasst uns beten:

Gott, die Tür zu dir steht allen offen.

Lass uns Boten deiner Einladung sein.

Lass uns glaubwürdig sein in unserem Leben.

So können Menschen durch uns spüren:

Du schließt niemanden aus.

Lass uns die Not anderer sehen und lindern, wo wir können.

Hilf uns den Ausgestoßenen und Entfremdeten ein Stück Heimat zu geben.

– Amen.